ONZIÈME LETTRE

D'IGILIUS

AUX ÉLECTEURS.

CANDIDATURE ET PROFESSION DE FOI POLITIQUE.

Il en est des gouvernemens comme des poètes; tous se promettent l'immortalité; tous croient d'une foi vive à leur mérite, et sont persuadés que leur règne n'aura point de fin. Au milieu de ces pensées de vie éternelle, ils s'oublient et dorment leur sommeil; le temps fait un pas, et soudain arrive pour eux le jugement dernier des révolutions. Comptez, en relisant nos annales depuis quarante ans, toutes les catastrophes qui les ont marquées; additionnez toutes les chutes des gouvernemens, pour faire entre eux la répartition des années écoulées, et vous verrez avec effroi quelle est la durée moyenne de ces pouvoirs établis à toujours : tant notre époque a forcé les gouvernemens à vivre vite, tant les révolutions abrégent les jours de ceux qui les font, et

XI Lettre.

rendent leurs jours *mesurables*, comme disait un roi d'Israël !,

S'il ne faut point compter sur la durée de leur puissance, il faut compter moins encore sur la durée de leurs bonnes intentions ou de celles de leurs conseillers.

Chaque union d'un gouvernement avec la nation a paru fortunée d'abord ; mais la lune de miel politique s'est bientôt éclipsée, et les beaux jours se sont évanouis. Quel riant avenir fut d'abord promis à la France par le règne du vertueux Louis XVI ! Quels cris de joie saluèrent la grande fédération de juillet, et plus tard la naissance de la république ! A quelles époques retentirent des acclamations plus enivrantes qu'aux beaux jours du consulat ! Quel enthousiasme éclatait aux fêtes de l'empire ! Combien fut vive notre allégresse au retour des Bourbons, puis au retour de Buonaparte de l'île d'Elbe, puis au retour du voyage de Gand, puis à l'avénement de Charles X, et durant ses voyages qui ressemblaient à des triomphes ! Hélas ! toutes ces promesses de bonheur étaient vaines, toutes ces joies mentaient ; aucun de ces gouvernemens qui nous devaient le bonheur ne nous l'a donné.

Aucun d'eux cependant ne peut accuser la nation de ses fautes ou de ses malheurs ; notre confiance en tous a été complète et sans bornes ; notre amour les a payés d'avance de leurs

bienfaits à venir. Nos droits, nos tresors, nos armes, nos soldats, nous leur avons tout aban-
donné, oubliant qu'on peut se prêter aux autres,
mais qu'il ne faut se donner qu'à soi-même. Un
jour on aura peine à croire jusqu'où les armées
de la Vendée ont porté l'attachement aux Bourbons, jusqu'où celles de l'empire ont été fidèles
à Buonaparte, jusqu'où a été le pays tout entier
en fait de résignation, de patience et de sacri-
fices! Les emprunts forcés, les impôts annuels
d'un milliard, les assignats, le maximum, les in-
demnités, les conscriptions, voilà nos preuves de
dévouement; il a fallu des fautes inouïes, des in-
sultes et des crimes pour nous détacher de nos
souverains; oui, je ne crains pas de l'avancer, les
gouvernemens ont mérité leur chute: ils se sont
fait leur destinée. Buonaparte, Louis XVIII et
Charles X ont eu dans leurs mains leur salut et le
nôtre. La naissance du roi de Rome, le départ des
alliés, le voyage d'Alsace, ont eté pour chacun
d'eux des momens admirables où ils pouvaient
tout faire, des occasions uniques offertes a leur
patriotisme pour payer le nôtre. Notre obéissance
était sûre; la paix alors, sur la terre de France,
était à jamais donnée au roi de bonne volonté

Osons le dire, depuis quarante ans tous nos
malheurs viennent de ceux qui règnent pour nous
en garantir. Ce n'est point le peuple qu'il faut
interroger sur les infortunes de la patrie, c'est à

ses chefs qu'il faut demander compte des crimes de la terreur, des servitudes de l'empire, des désastres de Moscou, de la honte des deux invasions, du sang versé à Waterloo, des lâchetés de la restauration et des massacres de juillet.

Concluons donc qu'il faut se confier un peu moins à ceux qui nous gouvernent, et nous estimer un peu plus nous-mêmes; ajoutons qu'il y a sagesse à placer auprès d'eux, non des députés qui les flattent : il y aurait bassesse ; non des députés qui les soupçonnent : il y aurait injure; mais des députés qui les surveillent : l'homme regardé en vaut mieux.

Nos assemblées délibérantes ont imité nos rois. Les proscriptions, les lois des suspects, les comités de salut public, les tribunaux révolutionnaires, les assignats, les confiscations, le maximum, la réduction de la dette publique, les emprunts forcés, les conscriptions, sont les œuvres de la Convention, des Conseils des Anciens et des Cinq-Cents, du Sénat conservateur, du Tribunat et du Corps législatif. Les pairs mêmes et les députés de la restauration n'ont-ils pas voté à son profit l'abandon des libertés publiques? Les cours prévôtales, la proscription de 1815, la censure, la police, la loi sur le sacrilége, ne sont-ils pas leur ouvrage?

Combien de ces députés n'a-t-on pas vus se changer sous la magique influence du ministère en un vil troupeau d'esclaves, se jetant sur le budget comme sur une proie, et dévoués seulement à ceux qui les rassasiaient!

Combien d'entre eux ont mis leur conscience en rapport, et se sont fait de leur opinion politique le revenu d'une belle ferme! Avancemens, titres, pensions, décorations, tout leur a été en proie; ils ont tout demandé, tout obtenu et tout gardé.

Combien d'autres enfin, et je parle surtout des derniers, sans pactiser ouvertement avec la restauration, et la frondant même par intervalle, n'ont fait ou fait faire un discours d'opposition exceptionnelle que pour se faire absoudre aux yeux des électeurs d'une servilité d'habitude!

Retranchez ces trois classes de candidats du nombre des vôtres, car ils en seront retranchés si vous êtes justes; ajoutez à ces retranchemens celui de ces indolens députés qui n'avaient pas le loisir de l'être, que restera-t-il à la liberté pour son partage? Paraissez, hommes de toute franchise, hommes d'une seule foi et d'un seul serment, où êtes vous?

Il y aurait donc sagesse à choisir nos députés dans un autre esprit, comme à faire avec plus de sévérité leur examen de conscience Si les élections restent les mêmes, si l'arrivée des nouveaux électeurs n'y apporte aucun changement,

si aux ambitieux, aux lâches et aux hommes vul-
gaires, on ne substitue des hommes de cœur et
de lumières, la France périra comme nation, et
c'est vous, électeurs, qui l'aurez perdue !

Ainsi que les rois et les assemblées, les ministres ont failli ; sans remonter au-delà de la restauration, tous les ministres n'ont-ils pas subi,
plus ou moins, le joug de la sainte alliance et de
la congrégation ? aucun d'eux n'a su laisser à la
pairie sa dignité, aux élections leur liberté, aux
fonctions publiques leur indépendance ; les émi-
grés, les chouans, les prélats de cour, les vétérans du despotisme impérial, voilà leurs hommes ; des achats de votes et de journaux, la
police, la censure. d'homicides provocations à
la révolte, voilà leurs faits et gestes   et je n'ai
pas tout dit.

Que de raisons de nous confier avec réserve
aux candidats ministériels, qui ne sont pas toujours ceux du roi !

Vous souvirez et me filez mon le javelot que j'ai us
a Orchomènes   (UN ROMAIN)

Mais, dira-t-on, les choses ne sont pas les mêmes ; cela est vrai, car les périls qui menacent le
pays sont beaucoup plus grands.

La position du roi est fâcheuse à beaucoup
d'égards ; aucun homme sensé ne peut en dou-

ter. Devenu roi par la grâce des événemens, il n'a pour lui ni le droit divin, ni la légitimité, ni l'abdication, ni le choix légal des chambres, ni les votes du pays, qu'on a présumés au lieu de les recueillir. Les principes de la légitimité et ceux de la république lui sont donc hostiles ; il a pour ennemis nécessaires les rois étrangers, les carlistes et les républicains Or, les rois ont déjà eu leurs interventions, les républicains leurs émeutes, et les carlistes leurs soulèvemens.

Refuser au roi Louis-Philippe l'appui d'hommes puissans en œuvres et en paroles, ou lui envoyer des députés hostiles, c'est donc le trahir, c'est comme à plaisir se replacer à la veille d'une révolution nouvelle, qui en ferait éclore beaucoup d'autres.

Si le roi actuel n'a pas cte élu, il est de fait adopte *et sacr, par la raison publique;* les vœux du pays sont évidemment pour lui ; son droit, et ce droit domme tous les autres, c'est d'être nécessaire au salut commun. c'est la, devant Dieu et devant les hommes, la loi suprême ; ôtez-lui le pouvoir, et nous avons ou l'ancien régime avec les carlistes, ou l'anarchie avec les républicains. Si le jeune Henri V est innocent des fautes de sa famille, en est il moins vrai qu'il ne peut s'isoler de cette famille, de ses partisans, de son clergé de cour de sa congregation ? N est-il pas vrai que sa cause est forcément et invincible-

ment celle des priviléges, des abus et de l'incor-
rigible aristocratie de la cour ? N'est-il pas vrai,
enfin, que son arrivée au pouvoir serait le signal
de la guerre civile et de nouveaux massacres ?

Si, d'un autre côté, la république est chose
louable à beaucoup d'égards, en est-elle moins
impossible à établir en France? Faut-il, pour
ajouter un degré de plus à notre liberté déjà si
grande, soulever contre nous tant de nations en
Europe et de provinces en France? Sommes-nous,
je le demande aux hommes dont l'esprit a quelque portée, sommes-nous aussi forts que savans
en liberté? y revenons-nous par des mœurs pures
qui la conservent ou par les lumières qui se
bornent à la faire connaître? combien de nos républicains, si féconds en paroles, ont, au jour du
péril, abjuré leur foi! Ne les voit-on pas, aujour-
d'hui même, menteurs à leurs principes, appuyer
sur les avantages aristocratiques de la position et
de la fortune leur candidature républicaine?

La volonté d'un peuple souverain est elle con-
stamment la même? les événemens, les intérêts
et la marche du temps ne peuvent-ils la modifier,
et chaque fois que le peuple roi change de gouvernement ne fait-il pas une révolution ?

Le dirai-je, enfin, la république a été comme
frappée de malédiction ; nos souvenirs l'accusent;
le sang répandu en son nom crie contre elle ;
elle a trop de crimes a expier avant qu'on lui par-

donne; il faut que son nom soit long temps sanc-
tifié pour que son règne arrive.

Je voterais donc, si j'étais nommé, contre les
prétentions des républicains; fussent-ils les
hommes de juillet, soldats de la France, ils ne
sont ni ses chefs ni ses maîtres; s'ils ont vaincu
pour elle, ils ne l'ont pas vaincue elle-même:
nous ne sommes pas leur conquête; parce qu'ils
ont sauvé du feu l'édifice social, ils n'ont pas droit
de s'en emparer.

Je voterais également contre les prétentions du
pouvoir déchu, et, toutefois, sans aucun sentiment
de vengeance; quelque vive que fut l'opposition
d'Icilius, il a voulu avertir et non perdre; la main
qui présentait un flambeau à ceux qui couraient
vers l'abîme était une main amie; mais l'arrêt
des événemens est porté; il faut opter entre une
famille et la patrie, et le vœu des Français ne doit
être que pour la France.

Les circonstances où se trouve le roi Louis-
Philippe ne sont pas même une raison d'en sou-
haiter un autre; loin de là, environné de périls
et d'ennemis, il est obligé de chercher un appui
dans l'affection du pays; son intérêt est lié au
nôtre; il y a nécessité pour lui d'être populaire:
il ne peut régner ni comme Buonaparte au profit
de son armée, ni comme Charles X au profit des
emigrés; il n'est soutenu ni par une garde im-
périale ni par les étrangers; il faut qu'il règne au

profit du peuple, et pour nous cette nécessité est heureuse.

La position de la pairie est plus triste encore que celle de la royauté. « La pairie française, di- » sait Icilius avant la révolution de juillet, n'a » pas cette puissance morale qui est la véritable; » c'est en vain qu'au jour des révolutions elle » voudra se faire écouter; sa voix, en essayant de » commander aux tempêtes populaires, ira se » perdre au milieu d'elles; inconnue du pays, » elle sera sur lui sans autorité, car lorsqu'un » peuple consent à s'arrêter, c'est à la voix de » ceux qu'il a suivis long-temps. »

Trois mois après, la prédiction s'est accomplie; on a dit plus tard aux hommes du Luxembourg(1): « C'est, enhardie par le souvenir de vos faiblesses, » que la révolution de juillet a osé traiter de vous » devant vous et sans vous

» Émules des sénateurs romains et Papirius » modernes, vous n'etiez point, au moment du » peril, sur vos chaises curules; au roulement du » tambour de juillet, le cœur vous avait failli; la » liberté vous a crié aux armes, vous êtes restés » immobiles; la légitimité a réclame votre appui, » vous avez gardé le silence. Aristocrates de l'em- » pire ou de la restauration, vous avez été les mê » mes Buonaparte expirant au-delà des mers, les

(1) Dixieme Lettre d'Icilius

» Bourbons partant pour l'exil, la France enseve-
» lissant ses morts après les massacres de juillet,
» ont maudit vos lâchetés.

» C'est donc de vos propres mains que vous avez
» creusé le tombeau de la pairie : affaiblie aujour-
» d'hui, dédaignée, mutilée et menacée dans son
» avenir, la voilà telle que vous l'avez faite. »

Et vous aviez pour la sauver des majorats, des priviléges, des droits d'aînesse et cette hérédité à vos yeux si efficace !

En résumé, la pairie actuelle n'a pour sa défense ni son origine, ni ses services, ni sa fortune, ni sa vieillesse, ni sa conduite ; chargée de la double mission de comprimer la royauté et la démocratie, elle n'a su faire ni l'un ni l'autre.

Mais si les pairs ont failli, l'institution même est innocente de leur faute.

Nous croyons donc, et notre opinion, depuis long-temps imprimée (1), n'est pas improvisée : dans l'intérêt de notre candidature, nous croyons, dis-je, qu'une pairie inamovible et recrutée par voie d'élection répondrait au besoin de *repos* et au besoin de *progrès* que nous éprouvons à la fois.

Nous pensons qu'une aristocratie composée à son origine des meilleurs citoyens et s'enrichissant à travers les âges des plus belles illustrations de chaque epoque joindrait la puissance des

______

(1) Dixieme lettre d'Icilius

souvenirs du passé à celle des sympathies contemporaines.

Si nous sommes frappés des avantages que promet l'hérédité et de l'exemple de l'Angleterre, nous nous rappelons également que chez les anciens, et même à Rome, sous ses rois, l'hérédité des fonctions sénatoriales ne fut point connue.

Il ne faut point oublier non plus que les avantages de l'hérédité sont futurs et comme offerts en perspective, tandis que la faiblesse de la pairie est actuelle, qu'il y a nécessité de lui donner pour appui des hommes populaires qui lui apportent l'amour qu'on a pour eux : dans le cours ordinaire des choses, dit Montesquieu, les institutions font les hommes, mais dans l'origine des sociétés ce sont les hommes qui font les institutions.

L'on ne peut nier enfin que les inconvéniens de l'hérédité, si une fois on l'etablit, ne soient indestructibles, tandis qu'il sera toujours facile de rendre héréditaires des pairs inamovibles ; et, dans le doute où l'on est sur le choix du parti le plus sage, il y a prudence à préférer celui sur lequel on peut revenir. D'autres fautes ont été commises envers nos alliés naturels, et surtout envers la Pologne.

DU MINISTÈRE ET DE LA POLOGNE.

Caïn, qu'as tu fait de ton frere?

Parmi ces fautes, la plus grave est d'avoir ignoré que pour pacifier la France il fallait agiter l'Europe.

Ce qui a rendu nationale l'insurrection commencée à Paris, c'est la sympathie qu'elle a trouvée dans les départemens. La sympathie qu'elle excita chez les étrangers pouvait la rendre européenne, et faire de Paris la capitale des constitutions. Autant la France avait inspiré de haine à l'Europe sous la Convention et sous Buonaparte, autant elle lui inspirait d'amour au moment de sa dernière révolution.

La présidence de la grande assemblée des peuples était après juillet déférée volontairement à la France; il eût suffi à celle-ci de monter sur les hauteurs, et de mettre aux voix la liberté de l'Europe par la formule parlementaire : que ceux-là se lèvent qui veulent la révolution. A ces mots prononcés avec ce ton que la France a eu quelquefois, on eût vu se former une autre sainte alliance. Sur les bords de la Meuse et du Rhin, en Pologne ainsi qu'en Allemagne et en Italie, les masses populaires devenaient des armées. Organisées à l'exemple de la nôtre, des gardes civiques remplaçaient les gardes royales et arrêtaient, ce qui est leur gloire, l'anarchie intérieure, sans faire craindre une invasion. C'est par là seulement que la guerre s'évitait en Europe, que le désarmement général y devenait possible.

On a craint de la bouleverser.

Où était la raison de craindre pour l'Europe une commotion qui a été le salut de la France ; et quand cette commotion eût agité de quelques tourmens les rois alliés, la France, leur victime, avait-elle à s'en affliger ? Eût-elle gémi de voir autour de l'Autriche un cercle de révolutions s'allumer en Gallicie, dans la Saxe, dans le Tyrol et dans l'Italie, et lui former une ceinture de douleurs qui l'eût comprimée dans ses mouvemens ? Les rois alliés n'étaient-ils point parjures ? Avaient-ils mieux tenu que Charles X les promesses d'institutions libérales faites à leurs peuples par l'article 13 de leur fameuse déclaration ? Si le soldat Belge et le paysan Polonais cernés de toutes parts ont eu des triomphes, le succès d'un mouvement simultané, général et dirigé, pouvait-il être douteux ? Cet intervalle, qui sépare aujourd'hui une révolution d'une autre, ne pouvait-il être comblé par des insurrections intermédiaires ? les provinces rhénanes qui touchent à la France et à la Belgique sont-elles si eloignees des mecontens de la Saxe et des malheureux habitans du duché de Posen? Ne pouvions-nous, à travers le Piémont, qui en fait de révolution a déjà fait preuve de bonne volonté, tendre une main protectrice aux opprimés de l'Italie?

Ce n'est point aux rois, c'est aux peuples qu'il fallait envoyer des ambassadeurs. De quel prix peut être pour nous l'amitié des majestés russe, espagnole et autrichienne? Les insurgés de Cadix, d'Ancône, de Varsovie et de Bruxelles, voilà nos alliés!

Il y avait des traités.

Observés par nous seuls, ils étaient nuls de plein droit devant Dieu et devant les hommes. A la honte d'y souscrire, Buonaparte, un étranger pourtant, avait préféré l'exil; un émigré, le duc de Richelieu, en signant le dernier de ces traités, l'avait arrosé de larmes toutes françaises; Louis XVIII n'y pouvait penser sans désespoir.

Et nous, au jour de la liberté et de la vengeance; nous, vainqueurs de juillet et à la vue de son beau soleil, nous avons renouvelé ces traités infames! Sur les cadavres encore fumans de nos frères massacrés, nous les avons signés de nouveau; ces voix plaintives qui, sorties de la tombe, nous demandaient vengeance, nous les avons étouffées!

Les Polonais, ces braves des braves, ces Polonais, nos vieux alliés, nos compagnons d'armes, j'ai presque dit nos frères, car c'est par des liens de sang qu'ils nous sont unis ; les Polonais nous ont crié aide et pitié. Notre ministère a osé répondre à la Pologne : je ne vous connais pas, le sang français ne doit couler que pour la France!

L'Espagne, par la voix de ses Mina et de ses Torrijos, nous a demandé si elle avait gardé ses amis au-delà des Pyrénées ; le ministère lui a répondu : non, vous n'en avez plus.

Tous ces opprimés de l'Italie, qui, cherchant un appui généreux, tournaient les yeux vers la France, et qui rendaient ainsi hommage à notre puissance en l'invoquant, ont reçu cette réponse du ministère : qu'il enverrait à Rome, où il prierait pour eux ; et ses prières se font aujourd'hui sur leur tombe.

Durant quelques semaines, le ministère a été l'arbitre de l'Europe ; les rois surpris étaient sans défense ; les peuples, affranchis par notre révolution, recevaient de nous, avec la liberté, l'exemple de cette modération qui la consolide ; le ministère, pour n'avoir pas vu que l'audace était prudence, est aujourd'hui condamné aux soucis et aux alarmes ; sa conscience lui dit comme à Macbeth : *tu ne dormiras plus.* La punition d'avoir manqué l'occasion, c'est de ne plus la retrouver : les rois, avertis du péril, l'ont déjà conjuré, et les nations dont nous avons trahi l'espérance ont perdu leur enthousiasme.

Le moment n'est plus de soulever les masses populaires comme un seul homme, et d'éviter les résistances par la promptitude d'un mouvement général; les révolutions modérées ne sont plus possibles, et la guerre est à craindre, la guerre, le plus grand des fléaux, parce qu'il les comprend tous, et dont tous les maux retomberaient sur les peuples qu'on voudrait sauver.

Durant vingt ans, nous avons combattu, pillé, ravagé, exterminé. Les étrangers sont venus, qui, à leur tour, ont pillé, saccagé, brûlé et massacré. Où est le bien de tout cela pour eux et pour nous?

Où sont vos quatorze armées de la république?

Où sont vos flottes?

Car, ne vous y trompez point, si l'Angleterre vous laisse commencer la guerre, c'est avec la pensée secrète de se réserver la parole pour la fin de la discussion.

Où sont aujourd'hui nos biens du clergé et de l'émigration pour subvenir aux frais d'une guerre européenne?

Êtes-vous résignés à l'accroissement sans fin et sans mesure des impôts actuels, au retour du maximum, des assignats et de la conscription, a la ruine du commerce et de l'industrie?

Le ministère, on lui doit cette justice, a fait des efforts inouis pour le maintien d'une paix nécessaire; mais, comme il a négligé le seul moyen qui pût la garantir, son seul triomphe sera de la retarder; elle éclatera, quoi qu'il fasse; alors, quand nous verrons un prince anglais dans cette Belgique qui était à nous, une armée autrichienne dans cette Italie où nous pouvions dominer, les drapeaux de Ferdinand arborés sur ces Pyrénées où Mina voulait planter le nôtre; quand nous verrons les Russes, encore couverts du sang polonais, arriver sur le Rhin, il y aura, n'en doutons point, des pleurs, des regrets du passé; alors, on demandera aux Caïns ministériels ce qu'ils ont fait de nos frères.

Une autre faute du ministère, que je considère ici dans son ensemble et comme un seul homme, a été d'hésiter dans sa marche politique. On dirait qu'il a pris à l'essai tous les systèmes et tous les hommes. La conséquence inévitable de l'indécision a été d'éveiller une foule de passions qu'on ne peut satisfaire.

Les hommes du mouvement, l'armée et les doctrinaires, ont tour à tour compté sur des institutions républicaines, sur la guerre et sur la quasi-légitimité. Beaucoup de prévisions déçues se sont changées en haines; la confiance des carlistes s'en est accrue dans la Vendée; et la sainte-alliance des rois, qu'une première faute a sauvée, est là qui attend pour profiter des autres.

D'un autre côté, des hommes qu'un système essayé avait portés au pouvoir ne se croient nullement obligés de mourir avec lui; ils restent dans leurs places après sa chute; ceux-là seuls, sont renvoyés ou s'éloignent, qui ont de la tête et du cœur; le ministère perd ainsi des Lamarque et des Laborde pour conserver les vétérans de la servitude, les hommes de l'ancien régime et de l'empire.

En même temps que le ministère divise ses forces, il se cree des ennemis dont il semble ignorer la puissance.

Que sa conduite aux obsèques de l'évêque de Blois ait paru convenable aux hommes du monde, peu importe : il ne s'agit pas du jugement qu'en porte le vulgaire, mais du jugement qu'en porte le clerge, qui sera celui de tous les catholiques. Or, la haine ou l'affection de cet immense clergé de France, qui dans nos quarante mille communes a son interprete, n'est chose indifferente qu'aux yeux d'un insensé.

Il est temps d'y songer : dans chaque village, la chaire peut devenir une tribune où l'orateur, bien différent des vôtres, aura toujours la confiance de son auditoire. L'opposition du clergé à Bonaparte fit sourire ses courtisans et ses grenadiers; ce fut pour lui cependant *le commencement de la fin*. Osons aussi le reconnaître : la masse du clergé, depuis la révolution, a fait preuve de sagesse; plus d'une fois il a fait bénir son influence; plus d'une ville, comme Reims il y a quelques années, a consacré et béni la mémoire d'un simple pasteur.

Le ministère a provoqué encore d'autres ressentimens : le choix de ses procès politiques, sa conduite envers les héros de juillet, les peurs de sa diplomatie, son langage en Belgique et en Italie, son impuissance à réprimer les troubles de la Vendée, lui ont aliéné bien des cœurs et fait douter du sien. Je serais donc, sous beaucoup de rapports, l'adversaire de sa politique ; sa tendance à s'appuyer de préférence sur les intérêts matériels me paraît funeste : les besoins d'honneur et de gloire sont les premiers à satisfaire en France.

Si le ministère a failli parce que l'homme qui a le plus d'esprit en a cependant moins que tout le monde, il y aurait à nier ses incontestables talens et ses services une éclatante injustice dont nous ne serons jamais coupables.

Le vulgaire, qui jouit de l'ordre comme d'une chose toute naturelle et sans y penser, songe très peu, par conséquent, à la sagesse qui l'a maintenu, et comme d'ailleurs il n'a pas prévu les maux qui le menaçaient, il est ingrat pour ceux qui les ont prévenus ; du bruit, du mouvement, des mesures d'éclat, voilà ce qui le frappe ; il nie la force là où il ne voit pas d'efforts ; mais l'homme sensé, à la vue de l'ordre, n'en croit pas moins à l'invisible providence qui l'établit.

L'opposition, telle que je la conçois, n'en est pas moins nécessaire; les conseils des Lafayette, des Foy, des Royer-Collard, des Châteaubriand, auraient sauvé Bonaparte et les Bourbons. Les majorités ministérielles n'ont empêché ni l'exil de l'île d'Elbe, ni celui de Gand, ni celui de Sainte-Hélène, ni celui de Holy-Rood.

Le caractère est l'homme même

La profession que je fais aujourd'hui de ma foi politique ne peut suffire aux électeurs prudens; je dois invoquer le témoignage du passé en faveur du présent: c'est la constance de mes opinions qui en prouve la sincérité : avant, pendant et depuis la restauration, elles sont demeurées les mêmes. Aucun de mes écrits politiques, dont trois furent couronnés il y a douze ans, n'a une seule phrase que je voulusse effacer. Bien ou mal, j'ai toujours défendu la cause de la liberté; même au jour du péril, je n'ai point douté de son triomphe; j'ai cru, sur son tombeau, à son immortalité. Alors qu'on brisait ses images et qu'on dispersait les débris de son temple, j'ai cru, prophète de sa glorieuse résurrection, que trois jours lui suffiraient pour les rebâtir.

L'académie de Lyon, couronnant mon Essai

sur les Révolutions, en 1818, me rendait ce témoignage (1) :

« Que j'avais hautement repoussé l'arbitraire et
» indiqué les concessions à la liberté comme le
» premier remède aux malheurs d'une révolu-
» tion ; que j'avais prouvé qu'un gouvernement
» libre était, après une révolution, le plus rai-
» sonnable de tous, parce qu'il était le seul qui
» fût juste envers tous.

» Il est impossible, ajoutait-elle, de ne pas re-
» connaître dans l'auteur de cet ouvrage celui de
» tous les concurrens qui a le mieux signalé l'état
» et les besoins d'un peuple long-temps révolu-
» tionné, et qui a peut-être le mieux percé l'abîme
» des révolutions. »

L'année suivante, une autre académie émet-
tait la même opinion sur mon Commentaire de
la Charte.

C'est après avoir reconnu dans son auteur un
» Français franchement constitutionnel qu'elle
» signalait ce même auteur comme un observa-
» teur profond, un écrivain éclairé qui, abordant
» son sujet avec une foule de connaissances ac-
» quises, ne se traîne pas sur sa matière, mais
» qui d'un coup-d'œil en saisit les détails et l'en-
» semble, et le creuse ensuite jusque dans ses en-
» trailles. Tous ses motifs, disait-elle, sont vrais,
» palpables, convaincans, sans réplique raison-

(1) Rapport imprimé, page 68.

» nable, et le bonheur continu de l'expression
» ajoute singulièrement à leur force. (1) »

Le journal *le Censeur*, l'un des plus fermes défenseurs de nos libertés, recommandait à l'attention des publicistes les vues nouvelles, les intentions pures et vraiment libérales du même ouvrage (2).

Le jugement qu'en portaient le *Constitutionnel* et l'*Independant* était le même (3).

Mes Lettres d'Icilius, publiées durant les dernières années de la restauration, ont été le développement plus hardi encore des mêmes principes ; et je les professais au jour du péril, isolé, sans appui, et au milieu des menaces de l'autorité universitaire.

Parmi les pairs et les députés constitutionnels dont je suis heureux d'avoir obtenu l'approbation, qu'il me soit permis de citer un homme dont les lumières ne sont révoquées en doute que par ceux qui n'en ont pas, Benjamin Constant les trouvait à la fois remplies de justesse et de force (4).

Je ne dirai point que le *Drapeau-Blanc* et la *Gazette de France* me signalaient à l'animadver-

----

(1) Rapport imprimé, page 103
(2) 14 Février 1820.
(3) Du 22 fevrier 1829
(4) 13 Novembre 1819

sion du pouvoir quelques mois avant sa chute ; il me suffit de rappeler le dernier discours imprimé de Lally de Tollendal à la chambre des pairs : on y peut voir ce que pensait des Lettres d'Icilius le défenseur du ministère Polignac.

Ma haine pour le despotisme de Buonaparte m'a fait prendre contre lui les armes à son retour de l'île d'Elbe, et voter le rejet de son acte additionnel. Les mêmes sentimens m'ont dicté mes écrits contre les fautes de la restauration.

Ai-je besoin d'ajouter que je ne suis accusé par aucune faveur obtenue du pouvoir déchu, et que je me présente à vos suffrages avec le titre modeste de professeur, que j'avais il y a vingt ans.

ANOT DE MAIZIÈRES,

Officier de l'Université, eligible

Versailles, 10 juin 1831

VERSAILLES — IMPRIMERIE LEBEL-VILLOIS,
avenue de Saint Cloud, n° 9

9 782012 956551